I0206903

ZAYRE
TRAGEDIE

SERA REPRESENTE'E
AU COLLEGE
DES BARNABITES
DE MONTARGIS,
POUR LA DISTRIBUTION DES PRIX
Donnez par Son Altesse Serenissime Monseigneur
LE DUC D'ORLEANS,
Le 29 Aouſt 1736, à une heure préciſe.

A PARIS,
Chez C. L. & C. C. THIBOUST, Pere & Fils,
Place de Cambray à la Renommée.

M. DCC. XXXVI.

ARGUMENT

OROSMANE Soudan de la Palestine veut épouser Zayre Esclave Chrétienne, Fille de Lusignan, laquelle ignorant son origine, consent à l'épouser malgré les remontrances de Fatime. Les espérances d'Orosmane sont trompées. Zayre vient à reconnoître son Pere Lusignan, & son Frere Nerestan dans une conférence, qui lui avoit été accordée avec ce dernier : tous deux l'engagent à suivre leur Religion; & Nerestan sur-tout dans un second entretien la sollicite si vivement, que, dans le tems qu'Orosmane la presse de l'epouser, elle differe & demande du tems : ce qui excite tellement la jalousie de ce Prince, que s'abandonnant à ses transports, il la tuë ; mais bien-tôt aprés reconnoissant son erreur il se poignarde lui-même.

Dira le Prologue

ESTIENNE DUPAYS, de Nemours.

La Scene est au Serrail de Jerusalem.

ACTE PREMIER.

ZAYRE pressée par les tendres reproches de Fatime sa Confidente, lui déclare qu'elle est aimée d'Orosmane, qui va l'élever sur le Thrône: elle ajoute qu'elle l'aime, & quelques raisons que Fatime lui propose, soit du côté de la Religion, soit du côté de la reconnoissance qu'elle doit à Nerestan, rien n'est capable d'ébranler ce cœur moins épris de la puissance, que des rares qualités du jeune Orosmane. Leur entretien est interrompu par l'arrivée du Soudan, qui ouvre son cœur à Zayre, lui expose ses sentimens d'une maniere également tendre & généreuse : Zayre accepte ses offres avantageuses avec des vifs sentimens de reconnoissance : à ce moment Corasmin annonce l'arrivée de Nerestan, qui étoit allé en France chercher sa rançon & celle de quelques autres Cheveliers François. Nerestan admis par ordre du Soudan lui demande la liberté de Zayre, de Fatime, & de dix autres Chevaliers dont il apporte la rançon, & lui avoue qu'il rentre dans les fers, ne pouvant satisfaire pour lui. Ce trait genereux frappe le Soudan qui lui rend la liberté, son argent, & lui accorde cent Chevaliers, en exceptant Zayre & Lusignan, & sur les vives instances que Nerestan fait pour les avoir, il lui ordonne de se retirer; se trouvant seul avec Corasmin, il ne peut s'empêcher de lui avouer quelques soupçons de jalousie contre Nerestan, mais il les dissipe bien-tôt en leur substituant des sentimens de grandeur & de générosité.

ACTE II.

NERESTAN extremement chagrin du changement de Zayre, & de la détention de Lufignan, rencontre Chatillon & Godfroy qui fort's d'efclavage le cherchoient pour lui témoigner leur joye & leur reconnoiffance : il leur communique la caufe de fon chagrin : ce qui donne occafion à Chatillon de lui raconter les malheurs de Lufignan, que Nereftan n'aprend qu'avec émotion. Il ne peut fe rendre aux fentimens de ces deux François qui lui confeillent d'employer Zayre pour retirer Lufignan ; mais comme il héfitoit d'implorer la faveur de Zayre, elle arrive, lui anonce qu'elle a obtenu la liberté de Lufignan & plufieurs autres Efclaves. Le dernier paroît, après avoir donné quelque chofe aux premiers tranfports, il demande des nouvelles de fes enfans : & la nature parlant dans tous les trois, il reconnoît fon Fils Nereftan & fa Fille dans Zayre, à la faveur d'une Croix que celle-cy avoit dans la broderie de fa robbe, & d'une cicatrice que Nereftan portoit dans fon fein : fa joye eft parfaite par la promeffe que Zayre lui fait d'être Chrétienne : mais leur joye eft troublée par Corafmin qui les fepare par ordre du Soudan, & remet les Efclaves dans les fers, Meledor tache de raffurer Zayre.

ACTE III.

OROSMANE qui n'avoit remis dans fers les Chrétiens, que sur la nouvelle qui se repandoit que la France alloit lui faire la guerre, apprend à Corasmin la fausseté de cette nouvelle, lui ordonne de relacher les Chrétiens & de les mener à leur Roy, entre lesquels il nomme Lusignan qu'il a delivré à la priere de Zayre, à qui il accorde un entretien secret avec Nerestan, en lui ordonnant de presser cet entretien : Nerestan profite de ces momens pour convertir sa Sœur, il lui explique l'inquiétude d'un Pere mourant, & la presse si vivement qu'elle consent à recevoir le Baptême ; sur ce qu'elle lui déclare, qu'elle étoit prête d'épouser Orosmane, il lui témoigne tant d'horreur, qu'elle jure de ne le point faire qu'elle n'ait reçû le Baptême. Il la quitte dans cette disposition, mais seule elle se trouble, & la peine qu'elle souffre paroît sur son visage. Orosmane vient l'inviter pour aller à la Mosquée recevoir sa parole & sa main. Mais elle ne répond à ces tendres sentimens que par des paroles entrecoupées, lui demande de différer, & enfin ne pouvant se contenir elle sort, ce qui jette Orosmane dans un tel étonnement qu'il ne peut retenir sa colere, & se laisse aller à des transports de fureur contre Nerestan, qu'il croit être l'auteur du changement de Zayre.

ACTE IV.

FATIME touchée de la situation de Zayre tache de la consoler & de la fortifier, au milieu de ses irrésolutions. Orosmane qui survient ne témoigne à Zayre que de l'indifférence, & lui proteste qu'il jette les yeux sur une autre ; mais bien-tôt changé par les larmes de Zayre & par son innocence, il lui rend son cœur & lui accorde de différer son mariage ; à peine est-elle sortie qu'il se trouve agité par des violens soupçons, prêt à les vaincre il y est confirmé par un Billet que Nerestan écrivoit à sa Sœur pour l'inviter à venir recevoir le Bapteme. Orosmane ne comprenant pas le sens de ce Billet qui lui est remis, ne doute plus de l'infidélité de Zayre, il entre dans de furieux transports & forme le dessein de la tuer, mais revenu à lui même, il la fait venir, & sans lui parler du Billet il éssaye de démêler ses vrais sentimens, en termes cependant qui font connoitre son trouble & sa fureur à Zayre, qui dans l'agitation qu'elle en ressent persiste à lui protester qu'elle l'aime. Orosmane étonné de la fermeté des réponses de Zayre, se détermine enfin à la justifier dans son esprit, charge Corasmin d'arrêter Nerestan ; & se dispose en même tems à chercher d'autres preuves de la sincerité de Zayre.

ACTE V.

OROSMANE remet le Billet de Nereſtan à un Eſclave pour le porter à Zayre, qui l'ayant lû cherche des pretextes pour éloigner le moment de ſon Baptême : mais enfin raſſurée par Fatime, elle promet à l'Eſclave de ſe rendre au lieu marqué. Le rapport que fait l'Eſclave à Oroſmane le rejette dans des tranſports furieux. Il envoye Coraſmin arrêter Nereſtan ; & s'avançant, il rencontre Zayre, qui à la faveur de la nuit alloit joindre ſon Frere. Oroſmane la tue & ſa colere redoublant à la vue de Nereſtan qui paroit enchaîné, il lui reproche ſon infidelité d'un ton ménaçant & lui montre Zayre étenduë ; mais les paroles que Nereſtan laiſſe échapper dans ſa douleur lui font reconnoître que Zayre étoit ſa Sœur, il tombe dans un déſepo r étrange & donnant ſes ordres pour la liberté de Nereſtan, il ſe tuë lui-même.

NOMS ET PERSONNAGES
des Acteurs de la Tragedie.

OROSMANE, Soudan de Jérusalem,
  CHARLES GAULLIER, Pensionnaire,   de Paris.

LUSIGNAN, Prince du Sang des Rois de Jérusalem.
  PIERRE LEGER,   de Courtemaux en Gatinois.

ZAYRE, Esclave du Soudan,
  JEAN-BAPTISTE BENTIVOGLIO, Pensionnaire, de Rome.

FATIME, Esclave, Confidente de Zayre,
  JACQUES-MICHEL BENTIVOGLIO, Pensionnaire, de Rome.

NERESTAN, Chevalier François,
  JACQUES-AUGUSTE LE LARGE, Pensionnaire, de S. Fargeau.

CHATILLON, Chevalier François,
  PIERRE MASSON,   de Puiseaux.

GODFROY, Chevalier François,
  PIERRE MAURICE,   de Provins.

CORASMIN, Officier du Soudan,
  ANTOINE FRANÇOIS DU THEY, Pensonnaire, de Paris.

MELEDOR, Officier du Soudan,
  JACQUES MALHERBE, Pensionnaire,   de Montargis.

ESCLAVE,
  THOMAS DE ROUIN,   de Montargis.

LES COMBATS DE LA VERTU,

BALLET,

POUR LA TRAGEDIE DE ZAYRE,

QUI SERA REPRESENTÉE AU COLLEGE DES BARNABITES DE MONTARGIS,

Le 29 Aoust 1736, à une heure précise,

POUR LA DISTRIBUTION DES PRIX

Donnez par S. A. S. Monseigneur le DUC D'ORLEANS.

A PARIS;

Chez C. L. & C. C. THIBOUST, Pere & Fils, Place de Cambray, à la Renommée.

M. DCC. XXXVI.

SUJET ET DIVISION DU BALLET.

La Victoire que remporte l'Amour de la Vertu dans le cœur de Zayre, après un long combat contre l'inclination qu'elle a pour Orosmane, étant une vive image de ce qui se passe tous les jours dans le cœur des Hommes, & le trait le plus frappant de cette Tragedie, on a crû pour se conformer aux regles du Ballet devoir representer dans les Entre-Actes LES COMBATS DE LA VERTU.

 1°. CONTRE L'IGNORANCE.
 2°. CONTRE LA TIMIDITÉ.
 3°. CONTRE L'INCONSTANCE.
 4°. CONTRE L'AMOUR PROPRE.

OUVERTURE.

Le Genie du siécle paroît sur le Théatre du Monde, suivi de la Fortune & du Destin, résolu de combattre la Vertu, qui vient accompagnée de la Force, du Mérite & de la Paix. Se défiant de ses forces, il appelle à son secours l'Ignorance, la Timidité, l'Inconstance & l'Amour propre : Dès ce moment il n'hésite plus de combattre ; mais à peine a-t-il goûté le plaisir de faire balancer la Victoire, que les remords marchent sur ses pas.

   LE GENIE DU SIECLE, M. Blanchet.

LA FORTUNE, M. Tremont.	LE DESTIN, M. Dupays.
L'IGNORANCE, M. Amiot.	LA VERTU, M. Baudry.
LA TIMIDITÉ, M. de Reuilly.	LA FORCE, M. Lequin.
L'INCONSTANCE, M. Courtois.	LE MERITE, M. Dumesnil.
L'AMOUR PROPRE, M. Sainfard.	LA PAIX, M. Gaudichon.

  LES REMORDS, MM. de la Tour & Joully.

PREMIERE PARTIE.

L'ignorance empêche que les hommes connoissent la vertu, & les jette dans plusieurs fautes.

I. ENTRE'E.

Premiere faute, L'IMPIETE'.

JUPITER descendu sur terre pour reprimer plusieurs desordres, vient chez Lycaon; les Peuples veulent lui sacrifier; ils en sont empêchez par Lycaon, qui doutant que ce soit un Dieu, cherche à le tuer : mais Jupiter le fait périr par la foudre qui embrase son Palais.

JUPITER, M. Mesange.   LYCAON, M. le Moine.
PEUPLES, MM. de la Mothe, Lauranceau, Santigny, Dubuisson.
Danseront seuls, MM. Mesange, le Moine.

II. ENTRE'E.

Seconde faute, LA SUPERTITION.

LES EGYPTIENS, persuadés que les Dieux, pendant le combat des Titans, s'étoient refugiés en Egyte sous differentes formes, portent la superstition jusqu'à adorer toutes sortes d'Animaux.

EGYPTIENS, MM. Dumesnil, Gaudichon, Courtois, Sainfard, Monliard, Joully, & de la Tour.

III. ENTRE'E.

Troisiéme faute, L'INJUSTICE.

APOLLON ET PAN disputent de la Musique. Tmole juge en faveur d'Apollon : mais il est contredit par Midas, qui, sans sçavoir la Musique, condamne Apollon : celui-ci pour s'en vanger lui fait venir des oreilles d'Asne.

APOLLON, M. Blanchet.   PAN, M. Amiot.
TMOLE, M. Dupays.   MIDAS, M. de Ruvilly.
Danseront ensemble. MM. Blanchet, Amiot.

IV ENTRE'E.

Quatriéme faute, L'IMPRUDENCE.

JUPITER pour se venger des hommes, donne à Pandore une boëte, qui renferme tous les maux. Pandore l'aporte à son frere Epimethée, qui l'ouvre & laisse répandre les maux sur la Terre.

JUPITER, M. Tremont.
PANDORE, M. Mesange.   EPIMETHE'E, M. Baudry.
LES MAUX, MM. de la Mothe, Lauranceau, Santigny, & Dubuisson.
Danseront seuls. MM. Tremont, Mesange, Baudry.

SECONDE PARTIE.

La plupart des hommes connoissent la vertu, mais leur timidité leur fournit differens prétextes pour se dispenser de la suivre.

I. ENTRE'E.

Premier prétexte, LES DANGERS QUI SUIVENT LA VERTU.

ACHILLE pour ne pas aller au siege de Troye, où il devoit périr, se déguise en fille. Ulysse le découvre en lui présentant des marchandises, où il avoit mêlé des armes : Achille ne peut se resoudre de le suivre : mais enfin il est déterminé par l'arrivée de Vulcain & des Cyclopes, qui lui apportent des armes invincibles.

ACHILLE, M. Amiot.   ULYSSE, M. Dumesnil.   VULCAIN, M. Lequin.
CYCLOPES, MM. Blanchet, Tremont.
Danseront seuls, MM. Amiot, Dumesnil.

II. ENTRE'E.

Second pretexte, LA BRIEVETE' DE LA VIE.

DES JEUNES GENS de differentes conditions ayant vû une Statuë du tems, aux pieds de laquelle étoient étenduës des personnes de tout âge, quittent les instrumens de leur art, & se livrent à la joye.

JEUNES GENS, MM. Courtois, Sainfard, Santigny, Dubuisson, Joully, de la Tour.

III. ENTRE'E.

Troisiéme pretexte, LE MEPRIS DE LA VERTU.

CATON voyant la justice opprimée par les armes de César, ne peut se resoudre à vivre son Esclave, & se determine à se tuer malgrè les efforts de ses amis.

CATON, M. Tremont
AMIS DE CATON, MM. Dupays, de Reuilly, de la Mothe, Lauranceau, Monliard, Martin.
Dansera seul, M. Tremont.

IV ENTRE'E.

Quatriéme pretexte, LES CHARMES DE L'OISIVETE'.

ULYSSE Charmé des plaisirs qu'il goûte dans le sein de sa famille, refuse d'aller au siege de Troye, & pendant que les Princes Grecs s'assemblent, il contrefait le fou, labourant avec un attellage de differens animaux, mais Palamede découvre sa ruse en mettant le petit Telemaque dans les Sillons.

ULYSSE, M. Blanchet;   PALAMEDE, M. Gaudichon,
PRINCES GRECS, MM. Baudry, Lequin, Melange, le Moine des Vignes, Clinchamps & le Moine.
Danseront ensemble, MM. Blanchet, Gaudichon.

TROISIEME PARTIE.

Si l'Homme quelquefois embrasse la Vertu, bien-tôt son Inconstance l'en détourne, rebuté qu'il est par les differens obstacles.

I. ENTRE'E.

Premier obstacle, L'AMOUR DES PLAISIRS.

ANNIBAL & les CARTHAGINOIS se signalerent long-temps contre les Romains ; mais les Plaisirs & les Jeux s'étant répandus entre eux, leur arrachent les armes des mains.

ANNIBAL, M. Dumesnil.
CARTHAGINOIS, MM. Baudry, Lequin, Courtois, Sainfard.
LES RIS & les JEUX, MM. de la Moche, Lauranceau, Santigny, Dubuisson.

II. ENTRE'E.

Second obstacle, LE MAUVAIS SUCCE'S.

ORPHE'E touché de la perte de son Epouse, qu'il venoit de perdre au moment qu'il croyoit la ramener des Enfers, se retire dans la solitude, où il tombe dans un si grand chagrin, qu'il ne peut se consoler par le son de sa Lyre, qui entraînoit les Animaux, les Arbres & les Rochers.

ORPHE'E, M. Blanchet.

III. ENTRE'E.

Troisiéme obstacle, L'IMPUNITE' DU CRIME.

BESSUS & NABARZANES, Principaux Officiers de Darius, voyant son Empire fort ébranlé par la Bataille d'Arbeles, forment le dessein de le détrôner, ce qu'ils executent au milieu de l'Armée qu'ils avoient gagnée, où l'ayant enchaîné ils le jettent dans un vieux Chariot.

DARIUS, M. Sainfard.
BESSUS, M. Tremont.   NABARZANES, M. Amiot.
OFFICIERS, MM. Dupays, de Reuilly.
SOLDATS, MM. Courtois, le Moine des Vignes, Joully, de la Tour.
Danseront seuls, MM. Tremont, Amiot.

IV. ENTRE'E.

Quatriéme obstacle, LE MAUVAIS EXEMPLE.

CLYTEMNESTRE, pour sauver Egyste avoit fait assassiner son Epoux Agamemnon. Oreste son fils se croit autorisé par ce crime, fait enlever sa mere par des Soldats, qui la tuent. Oreste en est puni par les Furies qui l'agitent.

CLYTEMNESTRE, M. Mesange.   ORESTE, M. Gaudichon.
SOLDATS, MM. le Moine, Clinchamps, Martin, Monliard.
FURIES, MM. Blanchet, Baudry, Dumesnil.
Dansera seul, M. Mesange.

QUATRIEME PARTIE.

L'amour propre aveugle tellement l'homme, qu'il s'imagine que tout lui est dû, & pour contenter cette passion, il se livre à toute sorte d'excès.

I. ENTRE'E.

Premier excès, LA JALOUSIE.

MELEAGRE avoit fait une partie de chasse avec ses oncles, Plexippe & Toxée, la Princesse Atalante, & quelques autres Princes du pays pour tuer un furieux Sanglier : de retour il en donne la hure à la Princesse Atalante, ce qui excite tellement la jalousie de Plexippe & de Toxée qu'ils ôtent cette hure à Atalante.

MELEAGRE, M. Mesange. ATALANTE, M. le Moine, PLEXIPPE, M. de la Mothe. TOXE'E, M. Lauranceau.
PRINCES, MM. Santigny, Dubuisson.

II. ENTRE'E.

Second excès, LE PARJURE.

PHILOCTETE avoit juré de ne point découvrir les fleches d'Hercule, mais flatté par la gloire d'être le principal auteur de la destruction de Troye, qui ne pouvoit perir sans cela il se laisse gagner par Ulysse & les autres Grecs, & montre avec le pied l'endroit où elles étoient : mais à peine les a-t-il entre les mains, qu'il lui en tombe une sur le pied, qui le blesse, & cause une si mauvaise odeur que tous les autres l'abandonnent.

PHILOCTETE, M. Tremont.   ULYSSE, M. Dupays.
PRINCES GRECS, MM. Courtois, Clinchamps, Monliard, Martin.
Danseront ensemble, MM. Tremont, Dupays.

III. ENTRE'E.

Troisiéme excès, L'INGRATITUDE.

PTOLEME'E, devoit sa couronne à Pompée, cependant au lieu de lui donner du secours après la bataille de Pharsale, il le lui refuse, & envoye des gens pour le tuer.

PTOLEME'E, M. Sainsard.   POMPE'E, M. le Moine.
SUITE DE PTOLEME'E, MM. Lauranceau, le Moine des Vignes, de la Tour, Joully.

IV. ENTRE'E.

Quatriéme excès, LA VIOLENCE.

SYLLA ET MARIUS jaloux l'un de l'autre cherche à se détruire, divisent les Romains en deux partis, & se font une guerre cruelle.

SYLLA, M. Blanchet.   MARIUS, M. Tremont.
SUITE DE SYLLA, MM. Amiot, du Pays, de Reuilly, Lequin.
SUITE DE MARIUS, MM. Baudry, Dumesnil, Gaudichon, Mesange.
Danseront ensemble, MM. Blanchet, Tremont.

LA DÉROUTE DU VICE,

OU

LE TRIOMPHE DE LA VERTU.

BALLET GENERAL,

Qui sera dansé après la Distribution des Prix, & la Recitation d'une Ode en Action de graces de la Liberalité de Son Altesse Serenissime Monseigneur
LE DUC D'ORLEANS,
Au nom de tous les Acteurs,

Par M. CHARLES GAULLIER, *de Paris*.

LE Génie du siecle, glorieux des victoires qu'il vient de remporter, commence à triompher, & partage des Couronnes à l'Ignorance, la Timidité, l'Inconstance, & l'Amour propre, qui forcent les Hommes à le suivre ; ce triomphe est troublé par Apollon, qui démasque le Vice, pendant que les Poëtes de sa suite enchaînent l'Ignorance, & vont instruire les Hommes par le moyen des Fables ; en vain la Timidité & l'Inconstance tâchent de les retenir, elles sont bien-tôt mises en fuite par la Vertu, qui paroît avec le Courage & la Constance. Le Vice alors presque vaincu, invite l'Amour propre à relever son parti presque abbattu. Inutiles efforts ! La Gloire & l'Immortalité achevent cette Déroute, & toutes se mettant à la suite de la Vertu, lui font un triomphe, & engagent les Hommes à lui rendre leurs hommages.

LE GENIE DU SIECLE, M. Blanchet.

L'IGNORANCE, M. le Moine des Vignes.   LA TIMIDITÉ, M. Courtois.
L'INCONSTANCE, M. Lauranceau.   L'AMOUR PROPRE, M. de la Mothe.

APOLLON, M. Tremont.

POETES, MM. Dumesnil, Amiot.

LA VERTU, M. Dupays.

LE COURAGE, M. de Reuilly.   LA CONSTANCE, M. Mesange.
LA GLOIRE, M. Gaudichon.   L'IMMORTALITÉ, M. Sainfard.

PEUPLES DE DIFFERENTES NATIONS,

MM. Baudry, Lequin, le Moine, Clinchamps, Santigny, Dubuisson, Martin, Monliard, Joully, de la Tour.

DANSERONT AU BALLET,

MESSIEURS, Pensionnaires,

JEAN-BAPTISTE BLANCHET,	de Villeneuve l'Archevêque.
JACQUES-BENOIST DE TREMONT,	de Sens.
LOUIS-AGNAN BAUDRY,	de Sens.
ETIENNE DUPAYS,	de Nemours.
RENE' LE MOINE DES VIGNES,	d'Orleans.
JEAN-BAPTISTE MALQUIS LEQUIN,	de Paris.
GEORGE-ROCH D'RACAULT DE REUILLY,	de Gien.
JACQUES COURTOIS,	de Paris.
CLAUDE-HENRY LAURANCEAU,	de Nogent.
JEAN-BAPTISTE LE MOINE,	de Paris.
JEAN-BAPTISTE DUBUISSON,	de Montargis.
LOUIS DE CLINCHAMPS,	de Reneville en Gatinois.
JEAN-BAPTISTE LA MOTHE,	de Montargis.
JEAN-BAPTISTE SANTIGNY,	de Montargis.
JEAN-BAPTISTE JOULLY,	de la Charité.
ALEXANDRE LA TOUR,	de Piviers.

MESSIEURS, Externes.

ALEXIS AMIOT,	de Chasteau-Regnard.
FRANÇOIS PESCHEUX DUMESNIL,	de Vendosme.
CHARLES-FRANÇOIS GAUDICHON,	de Passy en Normandie.
JULLIEN MESANGE,	de Montargis.
PIERRE SAINSARD,	de Boyne en Gatinois.
LOUIS DE MONLIARD,	de Montiard en Gatinois.
JEAN-BAPTISTE MARTIN,	de Montargis.

Les Airs & les Danses sont de la Composition de M. JALLODIN.

www.ingramcontent.com/pod-product-compliance
Lightning Source LLC
Chambersburg PA
CBHW070528050426
42451CB00013B/2911